AF494425

STÉNOGRAPHIE

DES COURS.

SEMESTRE D'ÉTÉ.

ANNÉE SCOLAIRE 1835—1836.

COURS

DE PANDECTES.

M. PELLAT, PROFESSEUR.

PREMIÈRE LEÇON.

16 avril 1836.

MESSIEURS,

Dans la dernière leçon, nous avons vu quels étaient les droits de l'usufruitier sur un troupeau; nous avons vu qu'il avait droit aux fruits de ce troupeau, c'est-à-dire, au croît des animaux, à la charge de remplacer les bêtes qui venaient à mourir. Vous avez vu que, quand s'opère ce remplacement, il y a une translation de propriété : les jeunes animaux appartiennent au propriétaire, du moment que l'usufruitier les emploie au complément du troupeau. Nous avons expliqué jusqu'à la loi 69. Si l'usufruitier ne remplace pas les animaux qui manquent, Cassius écrit qu'il est tenu envers le propriétaire, car il s'est engagé à jouir en bon propriétaire, et, s'il ne remplace pas, il ne se conduit pas comme il devrait le faire. Cependant, avant que la substitution se fasse, on demande à qui appartient le croît? Julien dit, au livre 35, que la propriété de ce croît est en suspens, de manière que si la substitution se fait, elle est conférée au propriétaire; si elle ne se fait pas, elle reste à l'usufruitier : cette opinion est vraie. Suivant Julien, quand il y a lieu au remplacement, les bêtes qui viennent à naître appartiennent au propriétaire, jusqu'à concurrence de la perte : quand il n'y a pas lieu, c'est à l'usufruitier. Jusque là la propriété est suspendue. Ceci se rattache à une autre opinion que nous avons déjà vue et dont parle la loi 12, paragraphe 5.

Ulpien y rapporte une question traitée par Julien. Il s'agit de savoir à qui appartient l'action contre le voleur, lorsque les fruits ont été cueillis par celui-ci. Cette action est la condiction furtive (*condictio furtiva*). Elle appartient au nu propriétaire, parce que l'usufruitier n'a droit qu'aux fruits perçus par lui-même ou par son ordre; par conséquent, il n'a pas le droit de poursuivre le voleur. Cependant, Marcellus fait ici une objection : *quid*, si l'usufruitier venait à trouver ces fruits? A cela Ulpien répond : oui, l'usufruitier en deviendrait propriétaire, mais, jusque là, il en est autrement, ils appartiennent au nu-propriétaire. Il en est de même d'une chose léguée sous condition : avant cette condition elle appartient à l'héritier, et après au légataire. Quand le voleur a cueilli les fruits, ils appartenaient au légataire. Si l'usufruitier les trouve, ils lui appartiennent. Mais voici un autre cas dans lequel la propriété est en suspens, suivant Julien : c'est relativement au croît des animaux. Quand les jeunes animaux viennent à naître, le troupeau n'étant pas complet, sont-ils au propriétaire ou à l'usufruitier? La propriété est indéterminée : s'ils sont employés au remplacement, ils sont au propriétaire, sinon à l'usufruitier. C'est cette opinion qui est en désaccord avec ce que dit Pomponius : il dit que, par la substitution, l'animal qui jusque là appartenait à l'usufruitier appartient au propriétaire; ce qui naît est à l'usufruitier, et lorsqu'il remplace, cela cesse de lui appartenir.

Il est évident que Julien n'admettait pas cela quand il disait que la propriété est indéterminée, et que la circonstance du remplacement indiquait la translation de la propriété au nu-propriétaire, mais qu'en l'absence de cette circonstance, la propriété était laissée à l'usufruitier. D'après cela, si le croît vient à périr, l'usufruitier court les risques, et non le propriétaire; l'usufruitier sera tenu de remplacer avec d'autres bêtes. Cela est vrai toutes les fois que c'est un troupeau dont on a légué l'usufruit, c'est-à-dire, une universalité; mais lorsque ce sont des choses particulières, l'usufruitier et le propriétaire supportent la perte chacun pour leur part. Si, par hasard, au moment où le croît naît il n'y a rien à remplacer, et qu'ensuite, quelque temps après sa naissance, il y ait lieu au remplacement, est-ce que l'usufruitier devra opérer ce remplacement avec les petits qui naîtront ensuite, ou bien avec ceux qui sont déjà nés? C'est ce qu'il faut voir; et je crois que les animaux qui sont nés le troupeau étant complet, sont à l'usufruitier, mais l'accident qui arrive postérieurement *doit nuire* à l'usufruitier. Voilà un texte bien obscur, qui donne lieu à deux opinions opposées. Si Ulpien partait du même système que Pomponius, il dirait que les animaux qui naissent appartiennent à l'usufruitier, et cessent de lui appartenir quand ils sont employés au remplacement. Dans cette manière de voir, le sens de ce passage semble dire que les animaux sont à l'usufruitier, et que les pertes qui surviennent doivent lui nuire sur le croît ultérieur, mais qu'il peut disposer de ce qui est né. Ulpien paraît raisonner différemment : il dit que les animaux qui sont nés appartiennent à l'usufruitier, si le troupeau est au complet; cela veut dire que la propriété n'est pas en suspens; mais si le troupeau vient à diminuer, cela doit lui nuire. Il doit être obligé de remplacer ce qui manque. Ainsi, il manque deux bêtes dans le troupeau, et il y en a trois dans le croît, la propriété est en suspens; il y en a deux qui doivent être employées à remplacer celles qui manquent. Ces deux-là appartiendront au propriétaire, et le surplus à l'usufruitier. Si, au moment où ces bêtes viennent à naître, il n'y a point de lacune à remplir, il n'y a point d'incertitude: ces bêtes appartiennent à l'usufruitier; mais, plus tard, s'il vient des lacunes dans le troupeau, le système ci-dessus n'indique rien : on peut dire que les bêtes qui naissent après seront seules employées au remplacement, de même qu'on peut dire le contraire. Il est bien difficile de savoir si Ulpien a voulu dire que les bètes qui naissent le troupeau étant complet, appartiennent à l'usufruitier, ou bien si les pertes seront remplacées par les bêtes déjà nées, qui ne lui appartiennent pas.

Les jurisconsultes pensaient, comme Ulpien, que l'usufruitier doit prendre sur le croît antérieur pour remplacer les pertes. J'ai cependant de la peine à admettre ce système dans toute son étendue; cela voudrait dire que l'usufruitier n'a rien dont il puisse disposer. Ainsi, je suppose que l'usufruitier veuille profiter du croît, qu'il en dispose son troupeau étant complet, et qu'une épizootie enlève une portion du troupeau, il sera donc obligé de remplacer les pertes avec ce croît antérieur dont il a disposé, c'est-à-dire, avec l'estimation de ce croît qu'il a dû garder, en sorte que sa position ne sera fixée qu'à la fin de cet usufruit, ce qui est contraire aux lois. Je ne crois pas qu'il faille étendre jusque là le système d'Ulpien. Je pense plutôt que cela doit s'entendre d'une manière très-restreinte, que l'on veut dire que l'usufruitier est obligé de remplacer les pertes de l'année avec le croît de cette année, et non avec celui des années précédentes, qui est devenu sa propriété. Du reste, il n'y a rien dans le droit romain qui éclaircisse ce texte. Remplacer, est une chose de fait; mais Julien dit que *summittere*, c'est disperser, faire une répartition, diviser, en ce que la propriété des animaux affectés au remplacement sera transférée au propriétaire. Ainsi, ce remplacement est un fait qui déterminera quelle est la propriété de l'usufruitier, ou bien, selon Pomponius, ce sera un fait par lequel l'usufruitier viendra se libérer.

La loi 71 veut dire que, si quelqu'un a fait une construction sur un terrain dont l'usufruit appartient à un autre, la superficie de l'édifice étant enlevée avant le temps dans lequel l'usufruit finit, les anciens ont décidé que l'usufruit était rétabli. Voilà un terrain donné à Titius; Mévius, le nu-propriétaire, élève un édifice sur ce terrain; comme ce n'est plus *area*, que c'est devenu *ædificium*, il en résulte que l'objet sur lequel l'usufruit était établi a changé de forme, et par conséquent cet usufruit a cessé. Mais, cette maison une fois démolie, l'objet reprend sa première forme, l'usufruit revivra-t-il? Les anciens ont répondu que l'usufruit serait rétabli, pourvu que la démolition de l'édifice arrivât avant le terme au bout duquel l'usufruit s'éteint par le non usage. Ce terme est de deux ans pour les immeubles, et d'un an pour les meubles. Ainsi, si l'édifice a été démoli au bout de dix-huit mois, l'usufruit sera rétabli.

Loi 72. Un propriétaire a légué un usufruit (voyez ce qu'a écrit Mœtien dans son livre 3, et ce qu'il a écrit est vrai), et l'usufruit est venu se réunir à la nue-propriété pendant la vie du testateur, ou même après sa mort, mais avant l'adition d'hérédité, cet usufruit appartient au légataire, et il pourra le revendiquer.

Loi 73. Si l'usufruit d'un sol découvert m'a été légué, je puis y établir une cabane pour la garde des choses qui sont sur ce sol. Vous savez, Messieurs, que l'usufruitier ne peut pas changer la forme de la chose dont il a l'usufruit : il ne peut pas faire d'un terrain une maison. S'il le faisait, il perdrait son usufruit. Mais il peut cependant faire construire une petite maisonnette pour loger un gardien, de même que vous avez vu que l'usufruitier d'une terre destinée à être cultivée peut construire les bâtimens nécessaires à serrer les fruits. Il ne le peut pas lorsque cela n'est pas nécessaire.

Loi 74. Si l'usufruit a été légué à Stichus, votre esclave, et à Pamphile, le mien, il en est entièrement de même que si l'usufruit avait été légué à vous et à moi directement. Nous reviendrons sur ce texte, quand nous serons arrivés aux choses acquises par intermédiaire. Nous voici arrivés au titre 2 du livre 7. Ce titre s'occupe de l'accroissement de l'usufruit.

Je puis devenir usufruitier par l'accroissement. Ainsi, j'ai un droit d'usufruit, mais qui se trouve réduit au tiers de la chose, parce que je suis en concours avec deux usufruitiers : ce droit peut s'augmenter par la disparition d'un ou de deux des usufruitiers, dont la présence le limitait. C'est cette augmentation qui est le droit d'accroissement. Pour comprendre ce droit, il faut rappeler les principes du droit en matière de legs, il faut les rapporter aussi à ceux de la propriété ; cependant, ils en diffèrent sur quelques points. Il faut commencer par récapituler les règles de l'accroissement en matière de legs, avant d'arriver à la matière de l'usufruit. Vous vous souvenez d'avoir vu dans votre cours d'Institutes ce que c'est que l'accroissement en matière de legs, je vais, du reste, vous le rappeler succinctement ; je vous engage à méditer ces principes difficiles, subtils même. Rappelez-vous que les legs pouvaient être faits de plusieurs manières : Il y avait le legs *per vindicationem*, *per damnationem*, *sinendi modo*, *per præceptionem*. Le legs *per vindicationem* est celui par lequel le testateur confère au légataire le droit de revendiquer la chose; par conséquent, le légataire devient propriétaire par la seule force de la loi, sans aucun fait de l'héritier. Le testateur a voulu investir le légataire de la propriété, et lui a transmis tous ses droits. Le legs *per damnationem* est, au contraire, celui dans lequel le testateur n'a pas voulu rendre le légataire propriétaire, mais créancier de l'héritier ; dans lequel il a voulu imposer à l'héritier l'obligation de transférer la propriété au légataire. On distingue ces espèces de legs par les termes dont le testateur s'est servi : dans le premier, il dit : *Do, lego Titio fundum cornelianum,* ou bien *summitto, capito* ; alors la propriété est transférée dès que l'héritier a fait adition d'hérédité. Dans le deuxième, le testateur dit : *Titius hæres meus damnus esto dare Mœvio fundum cornelianum.*

Vous voyez, Messieurs, que l'héritier est condamné par une condamnation judiciaire à transférer la propriété. Pour la transférer, il doit employer la forme voulue : si c'est une chose *nec mancipi*, la tradition ; si c'est une chose *mancipi*, la cession *in jure*. Supposons maintenant que cette même chose soit léguée à plusieurs personnes, deux personnes, si vous voulez. Ainsi, dans le legs *per vindicationem*, si un testateur veut donner la même chose à *Primus* et à *Secundus*, il peut dire : *Do, lego Primo et Secundo fundum cornelianum*, ou bien : *Do, lego Primo fundum cornelianum*, puis, plus bas : *Do, lego Secundo fundum cornelianum*. Quel est l'effet de ce legs? le voici : le testateur a voulu rendre propriétaires *Primus* et *Secundus*; il ne peut les rendre tous deux propriétaires du tout, puisqu'il les appelle tous deux à la propriété de la même chose. Si donc tous deux revendiquent la propriété, elle se trouve réduite à la moitié ; mais si *Secundus* ne se présente pas, *Primus* peut revendiquer la totalité comme seul propriétaire. Voilà le droit d'accroissement dans le legs *per vindicationem*. Dans le legs *per damnationem*, il en est autrement : si le testateur a dit dans deux phrases séparées que son héritier doit donner le fonds à *Primus* et à *Secundus*, l'héritier devra donner la propriété de ce fonds au premier qui se présentera, et l'estimation à l'autre. Il est obligé de faire comme le débiteur qui, voulant se libérer, et n'ayant pas l'objet dû, en donne l'estimation. Dans le cas où les légataires sont réunis dans la même phrase, l'héritier ne leur doit que la moitié, parce que le testateur ne lui impose l'obligation que d'en donner la moitié à chacun. Ainsi, si un des légataires conjoints manque, il en résulte que l'héritier est libéré de la part non réclamée, et qu'il peut la garder. Quand les légataires sont placés dans deux phrases distinctes, l'héritier ne doit la chose qu'une fois, si l'un des légataires ne se présente pas. En un mot, dans aucun cas, l'un des légataires ne profite de l'absence de l'autre. Son droit est fixé. Cela paraît subtil ; car il semblerait que quand le testateur a dit : « Donne telle chose, » il doive en être de même que dans le legs *per vindicationem*. Cela tient à ce que les Romains n'admettaient pas l'indivision dans la créance, tandis qu'ils l'admettaient pour le droit de propriété. Rappelez-vous quels sont les principes des successions dans la loi des douze tables : un individu meurt, laissant plusieurs héritiers ; ses créances, actives et passives, sont divisées entre eux tous. Il laisse, je suppose, trois héritiers ; il laisse aussi une créance de 3,000 sesterces, c'est comme s'il avait trois créanciers ; chaque héritier est débiteur du tiers, tandis que le bien reste indivis entre eux jusqu'à ce qu'ils l'aient partagé. La prochaine fois, nous exposerons les principes qui serviront de base à la matière difficile et importante de l'accroissement de l'usufruit.

QUATRIÈME LEÇON.

23 avril 1836.

Messieurs,

Arrivés au titre de l'usufruit, j'ai dû vous rappeler les principes en matière de legs. Pour commencer le résumé de ces principes dans notre dernière leçon, j'ai dit, en nous occupant du legs de propriété, que le droit d'accroissement avait lieu quand le legs était fait *per vindicationem* à plusieurs personnes, et n'avait jamais lieu quand il était fait *per damnationem*. Cet accroissement a lieu par le legs *per vindicationem*, quand la chose est léguée à plusieurs personnes, soit quelle ait été léguée à plusieurs personnes conjointement, soit quelle l'ait été disjointement. Je vais vous lire le passage de Gaius, pour fixer vos idées. Parag. 199. comment. 2. (V. ce parag.). Ainsi, vous voyez bien comment les choses se passent dans le legs *per vindicationem*, et dans celui *per damnationem*. Il n'y a jamais d'accroissement, si le legs est fait *per damnationem* à deux personnes. Il importe cependant de distinguer s'il est fait *conjunctim* ou *disjunctim*. S'il est fait *conjunctim*, « que mon héritier soit condamné à donner à *Titius* et à *Seius* le fonds cornélien, » l'héritier ne doit à chacun que la moitié du fonds cornélien ; s'il est fait *disjunctim*, « que mon héritier soit condamné à donner à Primus le fonds cornélien ; qu'il soit condamné à donner à Secundus le fonds cornélien. » Il doit le montant à chacun : au premier qui se présente, il donne la chose, au second, l'estimation. Si l'un manque, la part de l'autre ne s'accroît pas. C'est ce que Gaius dit dans le paragraphe 205. Voilà pour les deux principales espèces de legs. Je dois dire un mot des deux autres espèces subordonnées aux deux premières : le legs *sinendi modo* et le legs *per præceptionem*. Le legs *sinendi modo* était le legs *per damnationem*, mais avec cette différence que l'héritier était seulement condamné à souffrir que le légataire prît. L'héritier n'était pas condamné ainsi : *hœres meus damnus esto dare fundum cornelianum Titio*, mais ainsi : *hœres meus damnus esto sinere ut Titius sumat* ou *capiat fundum cornelianum*. Les jurisconsultes étaient partagés sur l'effet de ce legs. Les uns pensaient que l'héritier s'acquittait de l'obligation qui lui était imposée en laissant le légataire prendre la chose, et qu'il n'était pas obligé à la lui donner, quand même il en était propriétaire, ou en son nom ou comme successeur du défunt. Beaucoup d'autres pensaient que l'héritier était obligé à transférer la propriété. Gaius indique cette diversité d'opinions. Mais maintenant, après avoir indiqué ces opinions, et arrivant au cas du legs fait à plusieurs personnes, voici comment Gaius s'exprimait, paragraphe 215, *major illa*, etc., etc. Il décidait que la totalité était due à chacun quand le testateur a dit dans deux phrases : *hœres meus damnus esto sinere ut Titius capiat fundum cornelianum*; *hœres meus damnus esto sinere ut Mœvius capiat fundum cornelianum*. Dans ce cas, il était forcé de donner à l'un, la chose, à l'autre, l'estimation. Ainsi, ceux qui disaient : Dans ce legs, l'héritier n'est pas obligé à faire, son obligation n'est pas active, elle est passive, il n'est pas obligé à transporter la propriété; il est obligé à souffrir que le légataire prenne la chose. Eh bien! d'après cette manière de voir, si l'héritier est condamné à souffrir que Titius prenne la chose, et que Mévius prenne aussi cette chose, l'on dit : Il aura laissé Titius prendre cette chose, il aura satisfait à son obligation; après cela, quand Secundus se présentera, et lui dira : Souffrez que je prenne la chose, l'héritier répondra : Prenez la si vous pouvez, elle n'est pas en mon pouvoir, et ce n'est point par dol que je m'en suis défait, par conséquent, j'ai satisfait à mon obligation. Voyons maintenant, le legs *per prœceptionem*. Ce legs était celui dans lequel on employait la forme du legs *per vindicationem*. On disait au légataire : *prœcipito*, c'est-à-dire, prenez telle chose avant. Ainsi, Titius *prœcipito fundum cornelianum* (*prœcipito*, prenez avant le partage), c'était un legs que l'on faisait à un de ses héritiers, quand on en instituait plusieurs. Lorsque on instituait plusieurs héritiers, s'ils voulaient sortir d'indivision, ils partageaient volontairement ou par l'action appelée *familiœ erciscun-*

dæ, c'est-à-dire, par l'entremise du juge. Si le testateur dit à l'un : *præcipito fundum cornelianum*, le fonds cornélien ne sera pas compris dans le partage; celui à qui le testateur s'est adressé le prendra par préciput, avant le partage, en vertu de l'action *familiæ erciscundæ*. Ainsi le juge qui devait adjuger à chacun des choses égales, commençait, quand il y avait un legs *per præceptionem*, par adjuger à l'héritier légataire la chose désignée, ensuite il adjugeait les autres choses en les partageant également, ou bien il condamnait à une partie de l'estimation celui à qui il adjugeait plus que sa part de la chose, tandis qu'il ne condamnait à aucune valeur celui à qui il donnait le préciput. Si le legs *per præceptionem* était fait à un autre que l'héritier, les jurisconsultes étaient partagés sur la validité du legs. Les uns disaient : il ne vaut rien, parce que, quand on dit *præcipito*, cela suppose un partage : or, il n'y a que l'héritier qui soit appelé à partager. Si le légataire n'est pas en même temps héritier, le legs devient inutile. D'autres disaient : Le legs est utile, à la vérité, il ne peut pas le partager, mais alors *non præcipit sed capit*. Il prend donc le legs. Prenez avant le partage ; mais si vous ne partagez pas, prenez. Dans cette opinion, le legs valait et produisait exactement l'effet du legs *per vindicationem*. Alors les règles de l'accroissement, dans les legs *per vindicationem*, avaient lieu sans difficulté. Vous savez que les legs *per vindicationem* ne pouvaient pas avoir pour objet une chose qui n'appartenait pas au testateur. En effet, comment aurait-il transporté la propriété d'une hose qui ne lui appartenait pas? Il est clair que, il en était ainsi, le legs ne produirait aucun effet. Iais un sénatus-consulte rendu sous le règne de Néron valida le legs de la chose d'autrui fait *per indicationem*, et lui fit produire le même effet ue si c'eût été un legs *per damnationem*. Alors, uand un legs dans la forme *per vindicationem* vait pour objet la chose d'autrui, on se comporait comme si le testateur, au lieu de dire: *do, lego Titio fundum cornelianum*, avait dit : *hæres meus lamnus esto dare Titio fundum cornelianum*, et 'héritier devait le procurer; s'il ne le pouvait pas, l en donnait l'estimation. Mais si le legs *per vindicationem* de la chose d'autrui était fait à plusieurs personnes, quelle règle suivrait-on dans l'accroissement? Il est évident que puisque cela ne valait plus que comme un legs *per damnationem*, et qu'il n'y avait pas d'accroissement dans le legs *per damnationem*, il ne devait pas y en avoir ici. S'il y avait deux co-partageans, chacun avait la moitié, et si l'un d'eux manquait, celui qui restait n'avait encore que la moitié. Si le legs était fait *disjunctim*, chacun avait la chose en totalité. L'un avait la chose elle-même, l'autre, l'estimation. Si l'un manquait, il n'y avait pas d'accroissement pour l'autre. Cependant, je vous montrerai dans les fragmens du Vatican, que bien qu'en principe on dût décider ainsi, cependant on admettait l'accroissement dans les legs de la chose d'autrui. Ainsi on s'écarte de la règle, au moins d'après l'opinion de quelques jurisconsultes. Pour être conséquent, on n'aurait pas dû admettre le droit d'accroissement. Les jurisconsultes l'admettent cependant, parce que la forme que le testateur avait employée aurait amené l'accroissement, si la chose eût été à lui. Le legs conservait cet effet, quoique la chose ne fût pas au testateur. Voilà quelles étaient les règles des legs. Vous voyez donc que l'accroissement avait lieu dans le legs *per vindicationem*, soit que les légataires fussent conjoints ou disjoints. Si le testateur avait dit, en comprenant deux personnes dans la même disposition, qu'il ne leur donnait à chacun qu'une part, alors l'accroissement n'aurait pas lieu. Si le testateur avait dit : *Primus et Secundus habento fundum cornelianum quisque pro mediâ parte*, c'est comme s'il avait fait du fonds cornélien deux objets distincts. Si l'un des légataires manquait, l'autre n'avait toujours que sa moitié. Ainsi, quand le testateur avait lui-même divisé les choses qu'il léguait, l'accroissement cessait. Dans un legs *per damnationem*, la forme du legs imposait des obligations et faisait la division. *Damnatio partem facit.*

Dans le legs *per vindicationem*, chacun était appelé à la totalité, à moins que le testateur n'eût dit qu'il appelait chacun à la moitié ou à une partie égale. Ces principes sur le droit d'accroissement existaient d'une manière générale avant le règne d'Auguste; mais, à cette époque, ce prince rendit des lois qui sont les lois *Julia* et *papia poppæa*, connues sous le nom de lois caducaires, lois dont les dispositions supprimaient pour beaucoup de cas, le droit d'accroissement, et voici comment : ces lois avaient pour objet, soit d'augmenter les revenus du trésor public, du fisc, d'augmenter tantôt les revenus du fisc, tantôt ceux de l'*ærarium* qui, plus tard, se confondirent; mais alors on s'en servait encore pour encourager les mariages et l'accroissement de la population. Voici quelques dispositions de ces lois : elles décidaient que, quand un héritier pour partie ou un légataire viendrait à manquer ou à refuser, ce qu'il aurait recueilli ne resterait pas dans l'hérédité, mais appartiendrait au fisc ou bien aux personnes nommées dans le testament, et qui avaient des enfans. On décida aussi que les legs faits à des personnes qui n'avaient pas d'enfans ou qui étaient célibataires, leur seraient enlevés, savoir : s'ils étaient célibataires, pour la totalité; s'ils étaient mariés et n'avaient pas d'enfans, seulement pour une moitié. La portion ainsi enlevée appartenait au fisc, et s'appelait caduque. Elle appartenait d'abord à une autre personne qui avait des enfans et qui était nommée dans le testament, et, à son défaut, au fisc. Vous voyez, par conséquent, que si le légataire à qui le fonds cornélien est légué est le seul légataire, et qu'il vienne à mourir avant l'époque où son droit s'ouvre, ou qu'il le répudie, ce n'est plus l'héritier qui profite de cela, ce sont les personnes qui remplissent les conditions prescrites par les lois: les personnes nommées dans le testament qui ont des enfans, et, à leur défaut, le fisc. Maintenant, si le légataire qui répudie ou qui est décédé n'est pas unique légataire, qu'il y ait plusieurs légataires de la même chose, alors la part de celui qui manque n'appartiendra pas à un autre par droit d'accroissement, mais elle ne pourra appartenir aux légataires acceptans qu'autant qu'ils réuniront les conditions que la loi indique, c'est-à-dire, non pas en tant que légataires, mais comme ayant des enfans et étant favorisés par la loi *Julia*. La loi ici établit un ordre de préférence qu'on a confondu souvent avec le droit d'accroissement, et qui doit en être soigneusement distingué; pour cela, je vais vous lire le passage de Gaius, § 206 : la part caduque appartient à ceux qui, nommés dans le testament, soit comme héritiers, soit comme légataires, ont des enfans; *et quamvis*, etc. (§ 207). Ainsi donc une chose est caduque quand elle a été répudiée par le légataire, ou quand le légataire est mort avant l'ouverture du legs. Cette chose caduque est revendiquée par celui qui, nommé dans un testament, a des enfans : entre toutes les personnes nommées dans ce testament, à égalité de position, c'est l'héritier qui sera préféré. Supposons que *Primus* soit légataire de 10,000 sesterces, *Secundus* légataire du fonds cornélien; maintenant *Secundus* répudie; *Primus*, légataire, à qui il est légué 10,000 sesterces, a des enfans; l'héritier a des enfans aussi; *Secundus* a répudié son legs; à qui appartiendra le fonds cornélien? Selon la loi *papia poppœa*, il resterait à l'héritier purement et simplement, s'il avait des enfans : celui qui aura des enfans gardera cela, celui qui n'aura pas d'enfans n'aura rien. Ainsi le legs caduc sera revendiqué par celui des héritiers qui aura des enfans, de préférence à l'autre légataire. Maintenant supposez qu'aucun héritier n'ait d'enfant, le fonds cornélien répudié par *Secundus* appartiendra à *Primus* qui a des enfans. Remarquez que *Primus* est légataire de toute autre chose, et supposez que le testateur ait dit : Je lègue à *Primus* 10,000 sesterces, je lègue à *Secundus* le fonds cornélien. *Secundus* répudie, le fonds cornélien appartient à *Primus* qui est légataire de 10,000 sesterces. Ce n'est pas un accroissement, puisque c'est un objet tout-à-fait différent ; c'est un avantage que la loi donne à ceux qui ont une postérité : ainsi, *Primus*, qui a des enfans, revendiquera. Voilà l'ordre établi par la loi : les héritiers qui ont des enfans, et, à leur défaut, le légataire qui a des enfans, prennent la part caduque. Malgré cet ordre-là, si le légataire qui répudie a un co-légataire, et que ce co-légataire remplisse les conditions légales, il sera préféré à tout autre, même à l'héritier. Ainsi, en continuant l'hypothèse, si le testateur, après avoir fait *Secundus* héritier, a dit : Je lègue à *Primus* 10,000 sesterces, je lègue à *Secundus* et à *Tertius* le fonds cornélien. *Tertius* répudie son legs ; à qui le fonds appartiendra-t-il ? Si *Secundus*, co-légataire de *Tertius*, n'a pas d'enfans, la part que *Tertius* répudie appartiendra à l'héritier s'il a des enfans, et, à défaut de postérité, à *Primus*, légataire de 10,000 sesterces ; mais si le co-légataire de *Tertius*, *Secundus*, a des enfans, il recueillera la part caduque de *Tertius*, de préférence à l'héritier. Ainsi ce sont les héritiers ayant des enfans qui sont préférés aux légataires qui auraient des enfans ; mais s'il y a un co-légataire, et que ce co-légataire ait des enfans, il sera préféré même à l'héritier. Voilà la règle de la loi *papia poppæa*, par suite de laquelle le droit de préférence accordé au légataire conduit à examiner la position des légataires placés dans la même phrase, sans s'inquiéter s'il y aurait accroissement ou non, puisque c'est une idée tout-à fait étrangère, et cela doit être, car vous avez vu que le droit de revendiquer des choses caduques n'est point borné à ceux qui se trouvent appelés à la même chose. Ainsi celui à qui le testateur a légué 10,000 sesterces recueille, s'il a des enfans, le fonds cornélien qui a été légué à un autre qui l'a répudié ; il n'est donc pas étonnant que quand ils sont réunis dans la même phrase, l'un recueille la part de l'autre, quoique le testateur, par la forme qu'il a employée, ait fait un partage ; on ne s'attache pas à l'idée de concours à la même chose, on s'attache à un point de vue tout différent. Alors, quand la loi *papia poppæa* parle de co-légataire, de légataire conjoint, on entend « pourvu qu'ils soient réunis dans la même phrase » ; qu'ils soient réunis de manière à pouvoir jouir de l'accroissement ou non, peu importe. Par la loi *papia poppæa*, c'est leur réunion dans la même phrase qui décide. Voilà, comme vous voyez, des principes tout différens du droit d'accroissement.

Dans le droit de Justinien, la loi de *papia poppæa* fut supprimée ; elle avait été déjà modifiée dans beaucoup de points. Justinien acheva de supprimer cette disposition dans une loi qui forme le titre au code *de caducis tollendis.* En la supprimant, il a rétabli le droit d'accroissement, qui, sous l'empire de cette loi, n'existait plus, du moins n'existait que pour certaines personnes, à qui, par faveur et à raison de leur parenté avec le défunt, on appliquait le droit ancien ; aussi il y avait des personnes qui jouissaient du droit ancien, c'est-à-dire, à qui la loi *papia poppæa* n'était pas applicable ; ceux-ci conservaient les anciens principes du droit d'accroissement. Eh bien ! Justinien établit le droit d'accroissement pour tout le monde, mais avec des changemens et une confusion de certains principes que je vais vous indiquer. D'abord, Justinien, confondant tous les legs, et leur faisant produire à tous le même effet, que leur forme fût *per damnationem* ou *per vindicationem*, décida que le droit d'accroissement aurait toujours lieu. Ainsi, il appliqua à toute espèce de legs les principes que l'ancien droit n'appliquait qu'au legs *per vindicationem.* Vous trouverez un exemple de ce que j'ai dit tout à l'heure : quand un legs *per vindicationem* est de la chose d'autrui, il vaut en vertu du sénatus-consulte Néronien ; quoiqu'il ne vaille que comme legs *per damnationem*, on l'a conservé. Cependant, d'après l'opinion de quelques jurisconsultes, Justinien admet le droit d'accroissement comme il avait lieu dans le legs *per vindicationem.* Ainsi, premier point, confusion de tous les legs ; deuxième point, application du droit d'accroissement à tous. Voici maintenant un autre point relatif au droit d'accroissement. L'accroissement se faisait toujours sans aucune charge, c'est-à-dire que si le testateur avait dit : je donne et lègue à *Primus* le fonds cornélien ; je donne et lègue à *Secundus* le fonds cornélien, à la charge de faire telle chose, de payer telle somme ; si *Secundus* venant à manquer, *Primus* prenait tout le fonds et ne payait pas pour cela la somme qui avait été imposée à *Secundus*. Si les légataires étaient conjoints : je donne et lègue à *Primus* et à *Secundus* le fonds Cornélien, à la charge par *Secundus* de payer telle somme. Si *Secundus* refuse, *Primus* qui prend tout, ne paie pas. Mais dans le droit de revendiquer les choses caduques, il en était autrement : celui qui profitait de la caducité et qui prenait la chose léguée à celui qui venait à manquer, prenait la chose avec ses charges ; peu importait que ce fût le fisc qui vînt recueillir, que ce fût l'héritier, le légataire ou le co-légataire. Justinien abolissant les principes du droit de revendiquer les choses caduques, a voulu que l'accroissement se fît avec charge pour le légataire conjoint ; mais, quant au disjoint, l'accroissement se faisait sans charge. Alors dans les principes de Justinien, entre les conjoints l'accroissement se fait avec charge, mais aussi le co-légataire est libre de dire : je m'en tiens à ma part, je ne prends pas l'autre. Pour les disjoints, l'accroissement se fait sans charge, par conséquent ils n'ont jamais d'intérêt à dire qu'ils se bornent à leur part ; voilà ce qui résulte de la constitution que je vous ai citée. Ensuite de cela, il est arrivé qu'on a conservé au digeste des textes qui ont été écrits pour l'application de la loi *papia poppæa*, et comme cette application ne pouvait plus avoir lieu dans la législation Justinienne, les interprètes ont pensé qu'il s'agissait de l'accroissement; il en est résulté des antinomies, des oppositions insolubles, que Gaius explique très-naturellement; par exemple, dans la loi 89 *de legatis*, livre 32, tirée de Paul : vous voyez, disait Paul, que les légataires paraissent conjoints par la chose, et non point par les paroles, quand la chose est léguée séparément à deux personnes, quand il est dit, je donne à *Primus* le fonds Cornélien, je donne à *Secundus* le fonds Cornélien. C'est ce que Gaius appelle disjoint. Evidemment les phrases sont séparées, les légataires ne sont pas réunis par la même phrase; mais Paul observe qu'ils sont réunis par la chose, car la même chose est léguée à tous deux. Réciproquement, il y a des légataires qui sont conjoints par la parole, et auxquels le testateur a indiqué leur part. Ainsi, quand il a dit, je donne à *Titius* et à *Seius* le fond Cornélien par moitié, par égale part, dans ce cas, les légataires sont réunis par la phrase, je lègue à *Titius* et à *Seius*, mais ils ne sont pas réunis par la chose, car *semper partes habent*. Ils ont toujours leur part assignée; que tous deux acceptent, ou que l'un des deux seulement accepte, celui qui prend n'a que sa part; ils ne sont pas appelés à la même chose, l'un est appelé à la première moitié, l'autre à la seconde. Paul continue; ceux qui sont conjoints par la chose et par la parole, n'ont pas de part assignée. Ils sont réunis par la parole, et de plus par la chose, car c'est la même chose qu'ils prendront. Eh bien ! ce sont ceux que Gaïus appelle *conjunctim* ; ceux-ci, dit Paul, sont préférés aux autres pour les parts caduques. Les interprètes qui appliquent ceci au droit d'accroissement (c'est ce que tout le monde faisait avant la découverte de Gaius, c'est ce que beaucoup ont continué de faire 10 ou 15 ans après cette découverte), ceux, disais-je, qui appliquent ceci au droit d'accroissement, trouvent une contradiction manifeste avec tous les principes connus; car il est constant que celui qui est conjoint seulement par la chose n'est pas préférable ; cependant il jouit du droit d'accroissement. Mais on dit: il n'est pas préférable à celui des conjoints qui vient à manquer, s'il y a à la fois des conjoints et des disjoints. De sorte que dans cette espèce, si le texte pouvait encore s'expliquer d'après le droit d'accroissement, on le pouvait aussi dans le cas où il était dit : je donne à *Primus* et à *Secundus* le fonds Cornélien, ensuite je donne à Tertius le fonds Cornélien; si *Primus* vient à manquer, c'est le conjoint qui prend la part qu'il n'a pas ; le disjoint ne lui est pas préféré, mais voici ce qui était inconciliable : si le légataire est conjoint par la parole, et non pas par la chose, c'est une question de savoir si ce conjoint est préféré, et cependant il faut décider que lui-même aussi est préféré. Celui qui se trouve dans cette phrase : je lègue à *Primus* et à *Secundus* le fonds Cornélien par

www.ingramcontent.com/pod-product-compliance
Ingram Content Group UK Ltd.
Pitfield, Milton Keynes, MK11 3LW, UK
UKHW020534180726
13839UKWH00005B/2497

9 782329 331409